TINTO

Das kann ich schon

Name: ______________________

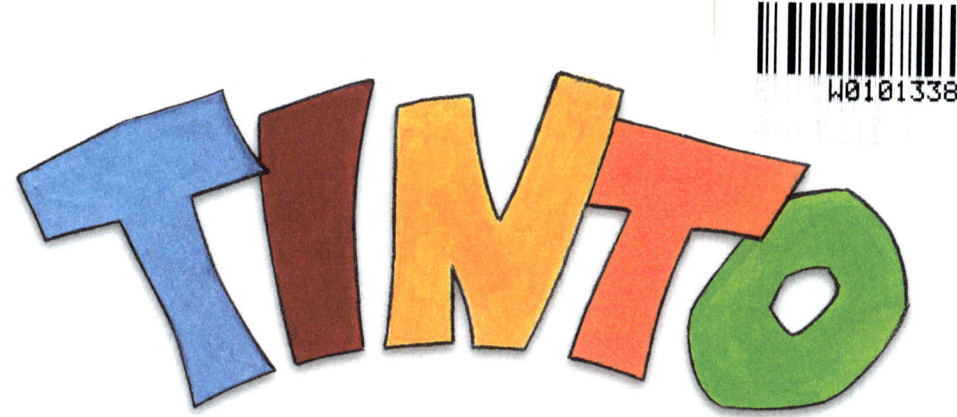

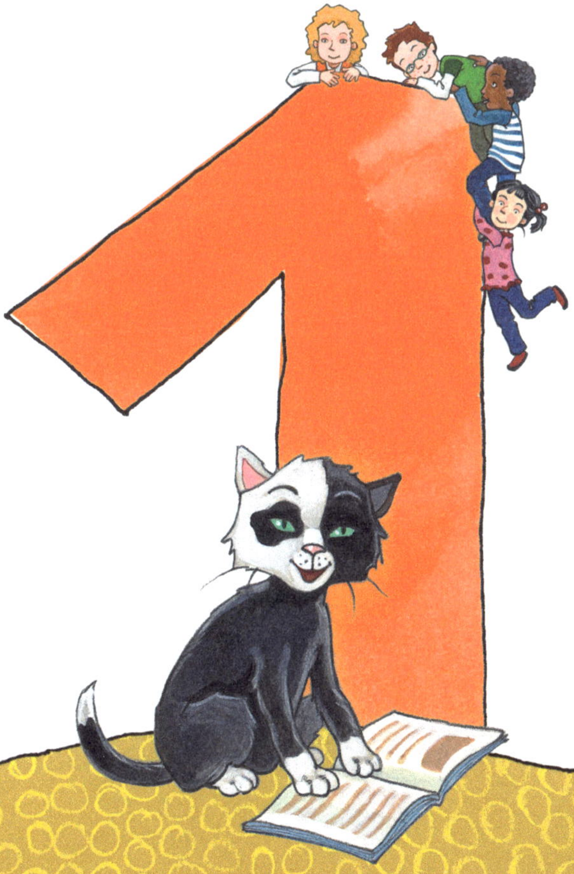

220007919

Cornelsen

Hallo _____!

Hier kannst du zeigen,
was du schon gelernt hast.
Du bekommst eine Aufgabe immer dann,
wenn du sie schon gut lösen kannst.
Das kann bei jedem Kind verschieden sein.
Schreibe darum immer das Datum dazu.

Die Aufgaben kennst du
aus den Arbeitsheften
oder aus dem
Buchstabenordner.

Viel Spaß!

Das bin ich.

Ich fand die Aufgabe ...

leicht   mittel   schwer

Datum: _____

Das kann ich schon

Ggf. Buchstaben, Namen, Wörter schreiben, die das Kind bereits kennt (Kind wählt selbst aus).

Datum: _____

 Anlautbuchstaben mit dem passenden Anlautbild verbinden.

Datum: _____

 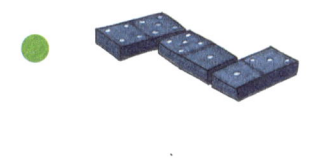 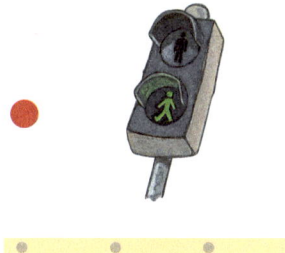

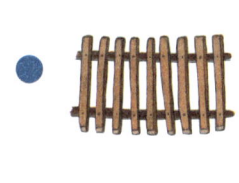  

Silben klatschen/schwingen – Silbenbögen zeichnen.

Datum: _____

M

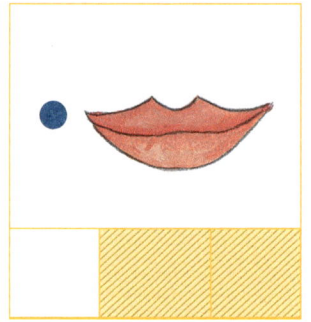 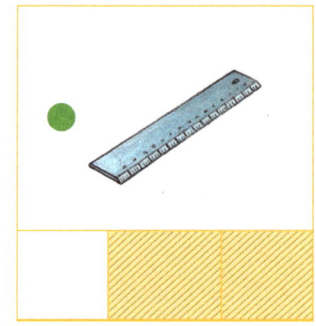 

  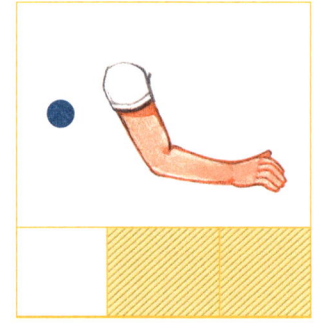

Wörter abhören und mit Hilfe des Buchstabenhauses Anlaute notieren.

Datum: _____

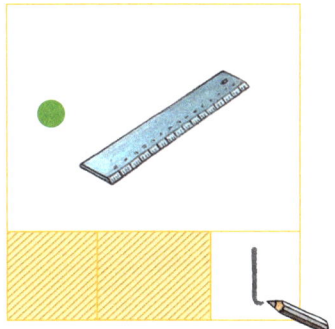  

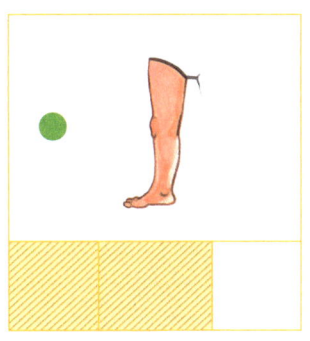  

 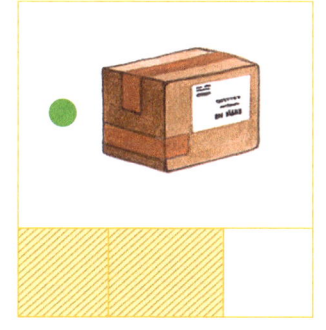 

Wörter abhören und mit Hilfe des Buchstabenhauses Auslaute notieren.

Datum: _____

Si ○
Sa ○
So ○

Fo ○
Fi ○
Fe ○

Nu ○
Ni ○
Na ○

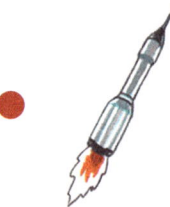
Ri ○
Ro ○
Ra ○

Tin ○
Ton ○
Ten ○

Lim ○
Lam ○
Lem ○

Him ○
Ham ○
Hum ○

Bor ○
Bar ○
Bir ○

 Zum Bild passende Anfangssilbe ankreuzen.

Datum: _____

 Bus

 Sofa

 Banana

 Bein

 Mantel

 Tomate

Baum

Kuchen

 Laterne

 Kind

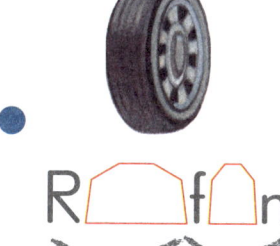 Reifen

 Zitrone

Vokale (Dachbuchstaben) im Wort ergänzen.

Datum: _____

Datum: _____

 Maler ○
Monat ○
Mantel ○

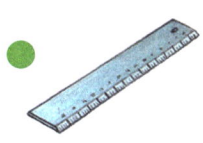 Lineal ○
Leiter ○
Lama ○

 Regen ○
Regal ○
Rasen ○

 Nabel ○
Nudel ○
Nebel ○

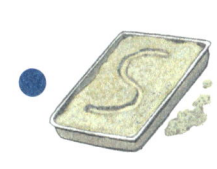 Sandale ○
Sand ○
Sonne ○

 Farbe ○
Fenster ○
Feder ○

 Kegel ○
Kugel ○
Kabel ○

 Pirat ○
Paket ○
Pilot ○

Zum Bild passendes Wort ankreuzen.

10

Datum: _____

Lena

Zu jedem Bild einen Satz schreiben.

Datum: _____

ein klei**ner** Fisch ◯
ein klei**ner** Tisch ◯
ein klei**nes** Tier ◯

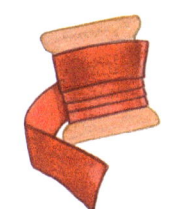
ein ro**tes** Band ◯
ein ro**ter** Baum ◯
ein ro**ter** Ball ◯

Ma**le**:

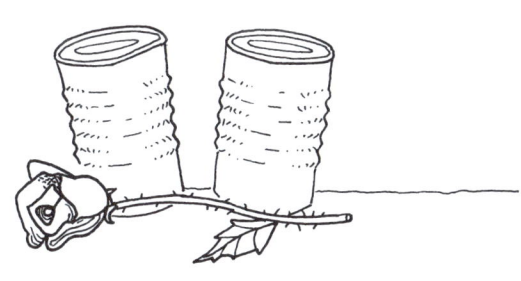

drei gel**be** Do**sen**   ei**ne** ro**te** Ker**ze**

Wortgruppen lesen und passend zum Bild ankreuzen bzw. Bilder entsprechend anmalen.

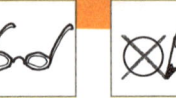

Datum: _____

Im Meer

Auf dem Bild sind Tiere im Wasser.
Der Krake hat drei Augen.
Der kleine Fisch schaut den Kraken an.
Am Boden liegt ein Ball.

Male:
Der Fisch ist blau.
Er hat einen Wurm im Maul.
Der Krake hat acht Arme.
Er ist braun.

Sätze lesen und passend zum Bild ankreuzen;
das Bild entsprechend anmalen/ergänzen.

Datum: _____

Regenpause

Es regnet.

Kein Kind kann auf den Schulhof _____ .

Alle bleiben in der _____ .

Fatma und Jonas holen sich Lego

aus dem _____ .

Sie wollen einen hohen Turm _____ .

Tim und Lena holen sich _____ .

Sie wollen ein buntes Bild _____ .

Regal   malen   Papier   Klasse   bauen   ~~Schulhof~~

Text lesen und die Wörter passend einsetzen.

Das kann ich schon

Datum

1	Das kann ich schon.	○	_____
2	Ich kenne mich im Buchstabenhaus aus.	○	_____
3	Ich kann Wörter in Silben aufteilen.	○	_____
4	Ich kann hören, mit welchem Laut ein Wort anfängt.	○	_____
5	Ich kann hören, mit welchem Laut ein Wort aufhört.	○	_____
6	Ich kann die erste Silbe von einem Wort lesen.	○	_____
7	Ich kann alle Dachbuchstaben in einem Wort finden.	○	_____
8	Ich kann Wörter schreiben.	○	_____
9	Ich kann Wörter lesen und verstehen.	○	_____
10	Ich kann Sätze schreiben.	○	_____
11	Ich kann Wortgruppen lesen und verstehen.	○	_____
12	Ich kann Sätze lesen und verstehen.	○	_____
13	Ich kann eine Geschichte lesen und verstehen.	○	_____

3-fach-Differenzierung mit

für alle

Die **Basistexte in Silbenschrift** enthalten nur die aus dem „Buchstabenkurs" bekannten Buchstaben (Niveau 1).

für viele

Die **schwarzen Erweiterungstexte** enthalten weitgehend nur die aus dem „Buchstabenkurs" bekannten Buchstaben (Niveau 2).

für manche

Die **Tatzentexte** können alle Buchstaben enthalten (Niveau 3).

Lies doch auch mal gemeinsam mit einem Partner im „Tandem"!

Beilage

In diesem Heft können die Kinder zeigen, was sie schon gelernt haben.

Erstlesebuch

von
Dr. Rüdiger Urbanek

Linda Anders
Vanessa Bollenberg
Ursula Brinkmann
Nele Granseyer
Gabriele Müller

illustriert von
Eva Czerwenka

Inhalt

In der Schule

4

Mein Schulweg

12

Hokuspokus

38

Mein Körper

48

Auf der Baustelle

78

Im Herbst

20

Zu Hause

28

Im Frühling

58

Am Wasser

68

Unterwegs

88

Feste im Jahr

98

In der Schule

- Name

- Tinto

- Lena

- Fatma

● Regal

● Tafel

● Jonas

● Tim

Ich bin ich

Ich bin Tim.
Ich mag  .

Ich bin Fatma.
Ich mag .

Ich bin Tinto.
Ich mag 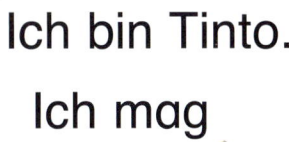.

Ich bin Jonas.
Ich mag  .

Ich bin Lena.
Ich mag .
Ich lese oft mit Opa.

Regeln

Jonas hilft

 Alle  🖍 fallen auf den Boden.

Jonas hilft Ole.
Wann hilfst du?

Alles gesund?

Wann essen wir?

Mm, eine Banane!

Ich bin Nele.
Ich habe eine Banane mit.
Und du?

Mein Schulweg

rot

grün

 Ampel

 Auto

- Helm
- Weste
- Bus
- Polizist

An der Fahrbahn

An der Ampel

"Bei Rot bleibe ich stehen."

"Bei Grün darf ich gehen."

Am Zebrastreifen

Jonas schaut
nach links und rechts.
Wenn alle Autos stehen,
darf Jonas gehen.

Alle gehen in die Schule

Lena, Emma,

Sinan, Mama,

Lotte, Anton, Tante Nina,

Oma, Emil, Tim, Alima.

Alle?

Was ist das?

1

2

3

4

5

6

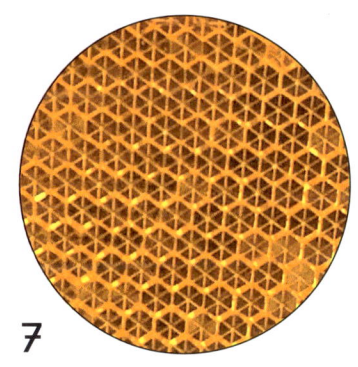
7

8

9

Helm	Post	Bus
Ampel	Weste	Auto
Roller	Reflektor	Schild

Überall Buchstaben

A N E S T I M O L

Jonas und Tim suchen Buchstaben.
Tim findet ein O.
Jonas findet ein N.
Wer findet ein S?

Im Herbst

• Drachen

• Igel

• Baum

• Ast

• Blatt

Der Igel

Der Igel mag  und  und 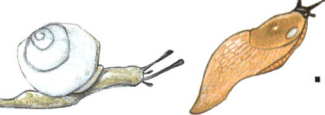.

Im Herbst frisst der Igel viel.

Im Winter schläft er.

Der Igel hat Stacheln.
Er hat eine feine Nase
und gute Ohren.
Manchmal rollt sich
der Igel zu einer Kugel.
Warum?

Ein Herbstbild

Fatma sammelt.
Fatma bastelt.

Fatma nimmt:

ein Blatt   Farbe   Papier

So arbeitet Fatma:

bemalen   legen   fertig

Einen Igel basteln

Presse bunte Blätter.
Schneide einen Igel aus.
Male Auge und Nase.
Klebe die Blätter auf.

Kleine Igel schlafen gern
den ganzen Winter lang.

1.
2.
Wenn sie   hören,
3.
4.

kann sie das nicht stören.
Denken: Was soll das schon sein?
Und schlafen wieder ein.

K. W. Hoffmann

Rate mal!

Er ist oben im 🌳.

Er ist rot.

Er ist ○,

innen mit 🌰.

Ein Apfel

Groß wie ein Haus,

klein wie eine Maus,

spitz wie ein Igel,

glatt wie ein Spiegel.

Eine Kastanie

Bin ein stachliger Geselle,
eine Kugel bei Gebelle.
Im Winter schlafe ich ganz fest
in einem bunten Blätternest.

Ein Igel

Zu Hause

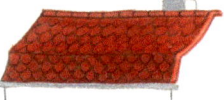

● Dach

● Haus

● Familie

● Mama

● Papa

● Oma

Freunde

Tim darf manchmal
an Mamas Tablet*.
Dann sendet er
eine E-Mail© an Lena.
Mama hilft.

* sprich: Täblätt
© sprich: I-Mel

Hallo Lena,
besuch mich doch morgen.
Tinto hat Geburtstag!
Kommst du?
Bis dann!
 Tim

So groß wie ein Baum

So groß wie ein Baum,
so stark wie ein Bär,
so tief wie ein Fluss
soll unsre Freundschaft sein.

So weit wie das Meer,
so hoch wie ein Haus,
so hell wie ein Stern
soll unsre Freundschaft sein.

Reinhard Feuersträter

Mama hat uns eine Liste gegeben.
Papa und ich besorgen alles.
Ich darf helfen.
Ich lese und hake die Liste ab.
Eine Sache muss Papa noch holen:
das Hundefutter.

Ben bastelt

Zu Hause bastle ich aus leeren Plastikbechern
und Dosen ein tolles Haus.
Für Papa habe ich auch schon etwas gemacht.
Vielleicht werde ich
später mal Müllmann.
Ein guter Müllverwerter
bin ich ja jetzt schon.

Ralf Butschkow

Wohin mit dem Müll?

Fatma hilft in der Familie.
Fatma muss den Abfall
nach unten tragen.

Halt, bitte!
Das muss
in eine andere
Tonne!

> Mischungen aus Papier und Plastik soll man trennen.

Kleiner Müll-Ratgeber

	Dosen		Plastik
	Pappe		Zeitungen
	Obstreste		Teebeutel
	Anspitzerreste 		Taschentücher 

 Wertstofftonne   Papiertonne   Biotonne   Restmülltonne

Warum trennen wir den Müll?

Müll aus der wird zu Papier und Pappe.
Müll aus der wird zu Erde.
Und der Müll aus der 🟡?
Aus Plastikflaschen kann man viele neue Sachen machen.
Nur der Müll aus der ⬛ wird verbrannt.

> Ich war eine Plastikflasche!

Mein Tag

nachmittags

abends

nachts

Justine

Hokuspokus

● Teller

● Saft

● Becher

● Zauberer

● Kater

● Maus

 Luftballon

 Seil

 Tisch

 Frosch

 Hexe

 Prinzessin

Zaubersprüche

Holo molo schuschu hu
Unu guzu zafa ra
Hifi kili faufau ri
Ripi fiti kama la
Reze weze kowo te
Hoho hoho hihi hi

Simsalabim – eine Riesenmaus,

Hokuspokus – ein Zwergenhaus,

Abrakadabra – ein  ,

gebt dem Zauberer Applaus!

Fingernägel nicht zu kurz
und ein langer Mäusefurz,
aufgewärmter Fliegendreck
und ein Stück vom alten Speck,
dreimal in die Hände spucken
und mit beiden Ohren zucken,
hokuspokus, mau und mee –
aus dem Himmel fällt jetzt Schnee!

Luftballon-Trick

Ich kann eine Nadel in einen Luftballon piksen und der Ballon bleibt heil!

① **Das brauchst du:**

Klebefilm   Nadel   zwei Luftballons

② Klebe heimlich etwas Klebefilm auf einen Ballon.

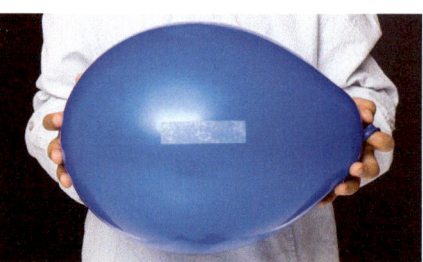

③ Lass ein Kind in den **anderen** Ballon piksen.

KNALL!

④ Nun bist du dran. Pikse genau in den Klebefilm.

Seil-Trick

Ich kann einen Knoten in das Seil machen. Die Enden lasse ich dabei nicht los!

① Lass es die Zuschauer ausprobieren.

② Zeige nun, wie es klappt.

 Farben-Trick

Ich kann Farben fühlen!

② Lass ein Kind einen Wachsmaler in den Beutel legen.

① **Das brauchst du:**

Beutel   farbige Wachsmaler

③ Greife in den Beutel. Kratze etwas Farbe ab. Schaue heimlich auf deinen Fingernagel.

Blau!

So kocht Lisbet

Lisbet zaubert
Salat mit Fliegen
und eine Maus.
Lisbet zaubert
Schleim mit
Froschbeinen.

Lisbet zaubert
Salat mit Fliegen
und eine Maus.
Lisbet zaubert
Schleim mit
Froschbeinen.

Lisbet ist eine kleine .
Auf dem Besen fliegt sie durch die Nacht.
Eines Tages kommt Lisbet zu einem seltsamen Haus.
Dort trifft sie die ,
die kochen kann.

Die Suppe war fertig
und Lisbet war
stolz auf sich.
Sie sagte: Ich kann kochen,
ich bin eine Kochhexe,
ich habe ein Zauberbuch.

Die Suppe war fertig
und Lisbet war
stolz auf sich.
Sie sagte: Ich kann kochen,
ich bin eine Kochhexe,
ich habe ein Zauberbuch.

Morgens früh um sechs

Morgens früh um 6
kommt die kleine Hex.
Morgens früh um 7
schabt sie gelbe Rüben.
Morgens früh um 8
wird Kaffee gemacht.
Morgens früh um 9
geht sie in die Scheun.
Morgens früh um 10
holt sie Holz und Span.
Feuert an um 11,
kocht sie bis um 12
Fröschebein und Krebs und Fisch.
Hurtig, Kinder, kommt zu Tisch!

Volksgut

Der gestiefelte Kater

Der alte Müller war tot. Sein Sohn hatte nur den Kater geerbt.

Aber der Kater war schlau. Er brachte dem König oft Geschenke.

Eines Tages dachte sich der Kater eine besondere List aus. So gab der König dem Sohn des Müllers herrliche Kleider.

Das Schloss gehörte aber einem reichen Zauberer.

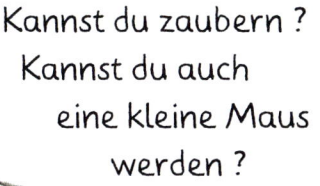

Schnell rannte der Kater zum Schloss des Zauberers.

Der Kater fraß die Maus auf.

Der König bewunderte das riesige Schloss.

Die Prinzessin heiratete den Grafen. So lebten sie zufrieden bis an ihr Ende.

nach Charles Perrault

Mein Körper

- Körper

- Junge

- Mädchen

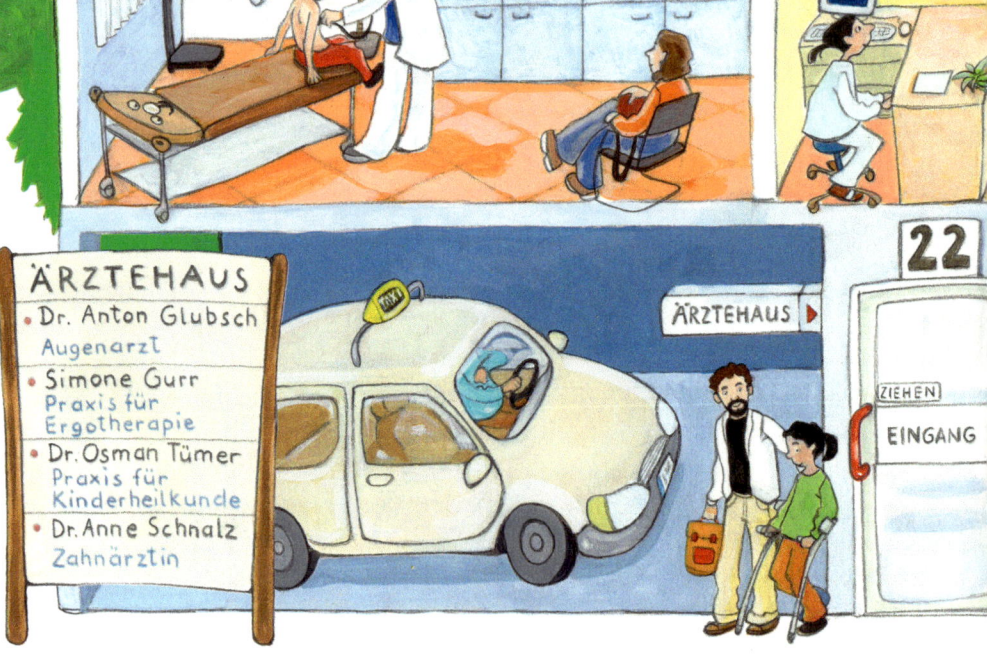

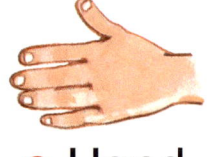

- Hand

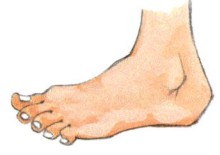

- Fuß

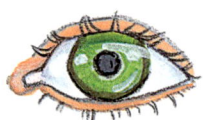

- Auge

Der Körper

Alle Menschen haben
einen Körper.
Der Körper hat Körperteile.

Kennst du noch mehr Körperteile?

Mein Körper-Lapbook

In einem Lapbook* kannst du wichtige Informationen und Bilder sammeln.

*sprich: Läpbuck

Kopf, Schulter, Knie und Fuß

|:Kopf, Schulter, Knie und Fuß, Knie und Fuß.:|
Und Augen, Ohren, Nase, Mund –
Kopf, Schulter, Knie und Fuß, Knie und Fuß.

|:Head, shoulders, knees and toes, knees and toes.:|
And eyes and ears and nose and mouth –
head, shoulders, knees and toes, knees and toes.

Bei der Zahnärztin

Lena ist zur Kontrolle bei der Zahnärztin.

Alle Zähne sind gesund. Du achtest gut auf deine Zähne. Toll!

Aber ein Zahn wackelt doch!

Die Zahnärztin erklärt:

Bei der Geburt haben wir keine Zähne.
Die Zähne wachsen erst
nach etwa 6 Monaten.
Die ersten Zähne nennt man
Milchzähne.
Beim Schulkind fallen sie
nach und nach heraus.
Dann wachsen bleibende Zähne.

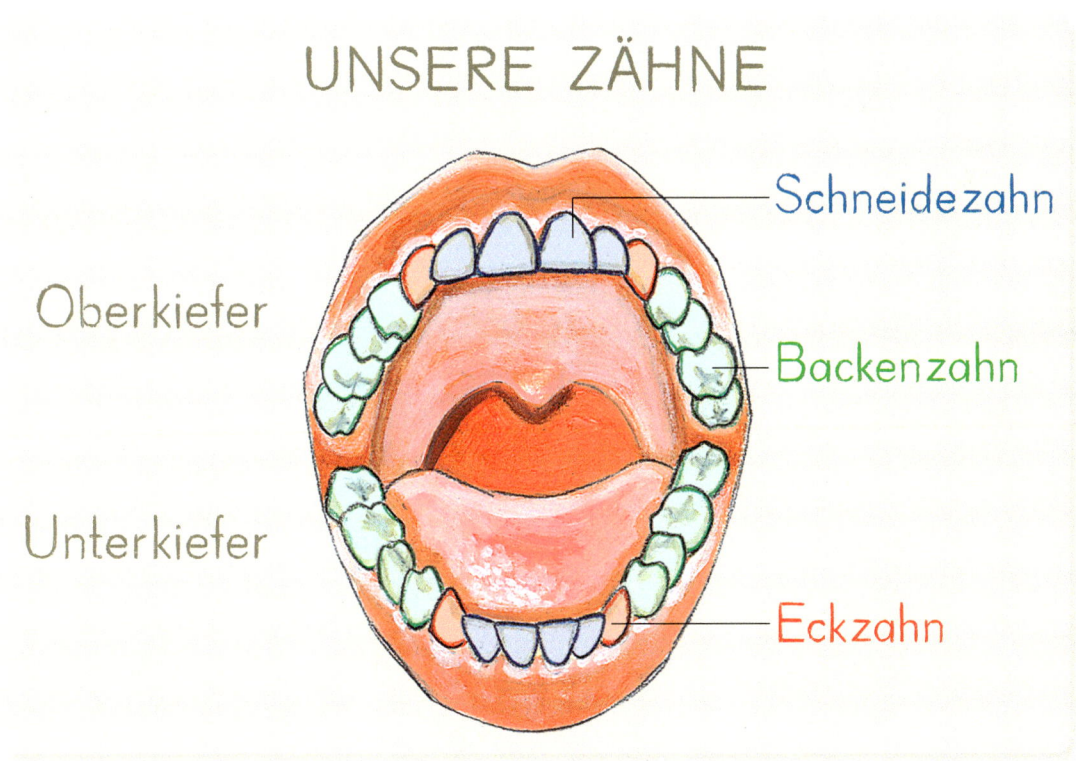

UNSERE ZÄHNE

- Schneidezahn
- Oberkiefer
- Backenzahn
- Unterkiefer
- Eckzahn

Wir haben drei Arten Zähne. Warum?

53

Zahn-Geschichten

Ich habe eine Dose,
eine Holzdose.
Da sind meine Zähne drin.
Ich sehe mir die Zähne
oft an. Es sind 4.   Fatma

Ich habe eine Dose,

eine Holzdose.

Da sind meine Zähne drin.

Ich sehe mir die Zähne

oft an. Es sind 4.

    Fatma

Ich war schon mal beim Zahnarzt.
Das war schön. Ich hatte kein Loch.
Ich war beim Zahnarzt alleine drin.
Ich lag auf einer Liege.   Lena

Ich war schon mal beim

Zahnarzt. Das war schön.

Ich hatte kein Loch.

Ich war beim Zahnarzt

alleine drin.

Ich lag auf einer Liege.

    Lena

Wer bin ich?

Mit meinen Nagezähnen knacke ich Nüsse. ①

Ich habe zwei Zähne, die giftig sind. ②

Meine beiden Riesenzähne sind aus Elfenbein. ③

Ich habe keine Zähne. Fliegen schlinge ich ganz hinunter. ④

 Wem tut kein Zahn weh?

Heute hatte Arbeit, fast zu viel,
Tierzahnarzt Max Halifax.

Tiger, Zebra, Bär und Krokodil,
Hirsch, Frosch, Kalb, Fuchs und auch Dachs,
Nilpferd, Pony, Has und Reh
kamen an: „Ein Zahn tut weh!"

So riefen sie und klagten sehr.
Einer hat gelogen.
Wer?

　　　　　Josef Guggenmos

Bist du krank, Rolli-Tom?

Der Hase Nulli und
der Frosch Priesemut
bekommen Besuch von Tom.
Hase Tom ist ein alter Schulfreund
von Nulli.

„Freut mich, dich kennenzulernen",
sagte Priesemut und bestaunte
den sonderbaren Stuhl,
auf dem Tom saß.

„Was ist denn mit deinen Beinen los?
Sind sie gebrochen?", wollte Priesemut wissen.
„Nein", antwortete Tom.
„Aber ich hatte einen Unfall
und seitdem schlafen meine Beine."

Da brachte Nulli Tom Himbeersaft –
in einem Schnabelbecher!
"Und die Möhrchen hab ich
für dich klein gerieben",
erklärte Nulli.

"HÖÖR AAUF!",
schrie Tom plötzlich.
"Ich bin **nicht** krank!
Ich kann, genau wie du, Möhren klein ratzeln …
Ich kann wie du aus einem richtigen Glas trinken …
Ich – kann – nur – nicht – laufen !"

"Aber … ich habe es doch nur gut gemeint",
sagte Nulli.

Plötzlich bekam Nulli eine prima Idee.
Und dann …

Matthias Sodtke

Im Frühling

- Blume 
- Tulpe 
- Krokus

 Osterglocke

 Himmel

 Sonne

Im Frühling

Im Frühling ist es warm.
Die Vögel bauen ihre Nester.
Die Amsel nistet im Strauch.
Die Meise nistet in einem Kasten
am Baum.
Auf der Wiese blühen
die ersten Blumen.

Frühblüher

Frühblüher sind Blumen. Sie blühen
in den ersten Monaten des Jahres.
Zuerst blühen Schneeglöckchen und Krokusse.
Bald danach blühen Osterglocken und Tulpen.

Schneeglöckchen

Krokus

Osterglocke

Tulpe

Die Zwiebel

Viele Frühblüher wachsen aus einer Zwiebel.
Die Zwiebel speichert die Nahrung
für die Blume.
Die Nahrung braucht die Blume,
damit sie wachsen und blühen kann.

Hyazinthe

Versucht es doch mal!

Das braucht ihr:
- eine frische Tulpe
- ein Glas
- Wasser
- Tinte

Der Stängel muss frisch angeschnitten sein!

So geht es:

Füllt etwas Wasser in das Glas.

Gebt ganz viel Tinte dazu.

Stellt die Tulpe

in das blaue Wasser.

Vermutet: Was passiert?

Wartet einige Stunden.

Was beobachtet ihr?

Die Tulpe

Die Tulpe ist
eine beliebte Blume
im Garten.
Die Blüte der Tulpe kann
rot, rosa, lila,
gelb, orange, weiß
und sogar schwarz sein.

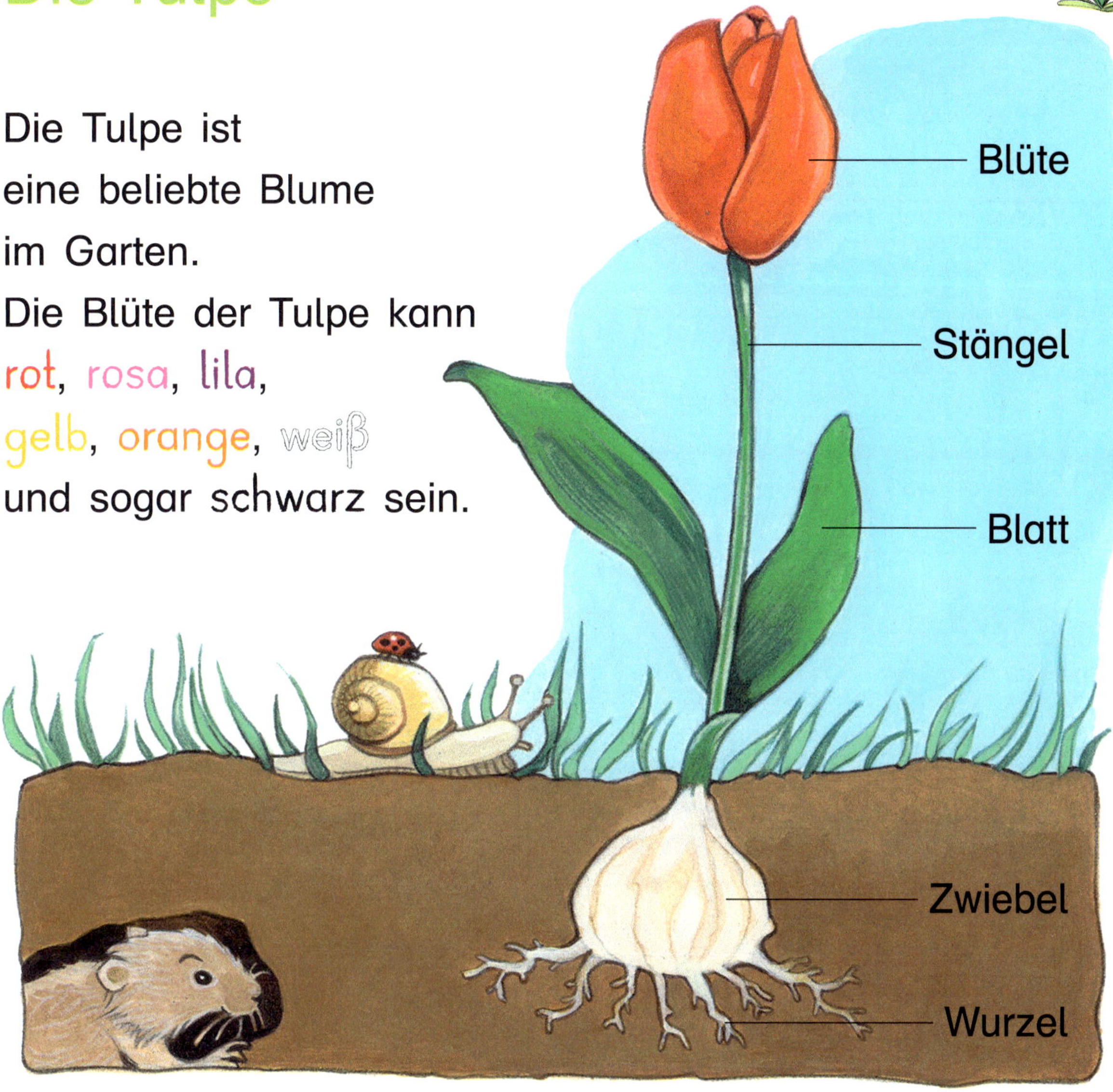

- Blüte
- Stängel
- Blatt
- Zwiebel
- Wurzel

Vor 400 Jahren waren Tulpenzwiebeln in Holland selten und kostbar. Reiche Menschen bezahlten sehr viel Geld dafür. Eine Zwiebel kostete so viel wie ein Haus!

Die Amsel

Im Frühling baut
die Amsel ein Nest
aus Gräsern und Moos.

Die Amsel legt
kleine Eier ins Nest.
An der Farbe kannst
du sie erkennen.

Die Amsel hält
die Eier warm.
Sie brütet.

Nach zwei Wochen schlüpfen
die Jungen aus den Eiern.
Die Augen sind noch zu.
Sie haben fast keine Federn.

Die Jungvögel haben
immer Hunger.
Sie sperren die Schnäbel
weit auf.
Die Eltern bringen Würmer,
Käfer, Spinnen und Beeren.

fragTINTO.de
Amsel

Bei der Amsel kannst du Männchen
und Weibchen leicht unterscheiden.
Das Männchen hat einen
gelben Ring um das Auge.
Es hat schwarze Federn.
Das Weibchen hat braune Federn.

Der Lenz ist da

Roller aus dem Keller,
Katze aus dem Haus,
Blüten aus den Knospen,
alles kommt heraus.

Kinder aus den Stuben,
Küken aus dem Ei,
Vögel aus dem Süden
sind auch bald dabei.

Alfons Schweiggert

Die Tulpe

Dunkel
war alles und Nacht.
In der Erde tief
die Zwiebel schlief,
die braune.

Was ist das für ein Gemunkel,
was ist das für ein Geraune,
dachte die Zwiebel,
plötzlich erwacht.
Was singen die Vögel da droben
und jauchzen und toben?

Von Neugier gepackt,
hat die Zwiebel einen langen Hals gemacht
und um sich geblickt
mit einem hübschen Tulpengesicht.
Da hat ihr der Frühling entgegengelacht.

Josef Guggenmos

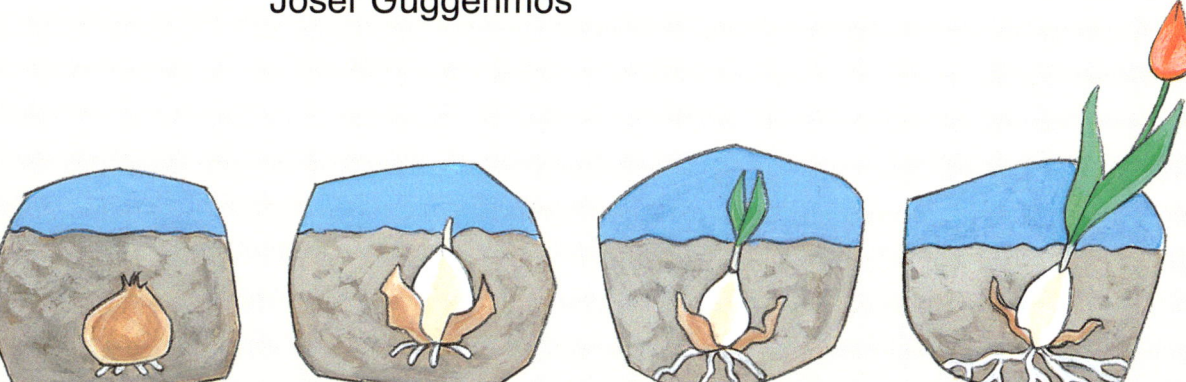

Am Wasser

● Hafen

● Wasser

● Pfütze

● Kapitän

● Taucher

● Schiff

Der Hafen

Boote und Schiffe

Ein Kanu ist ein schmales Boot.
Mit dem Paddel kommt man voran.

Ein Segelboot hat ein Segel.
Der Wind treibt es an.

Ein Kreuzfahrtschiff ist wie
ein Hotel auf dem Wasser.
Ein riesiger Motor treibt es an.

Ein Containerschiff* bringt Waren   * sprich: Kontenaschiff
von einem Hafen zu einem anderen Hafen.
Container sind riesige Kisten aus Metall.
Darin können Bananen, Hosen,
Computer oder sogar Autos sein.
In einen großen Container
passen drei Autos.
Das größte Containerschiff
ist so groß wie vier Fußballfelder.

Ein Schiff basteln

Fal**te** so:

Du brauchst ein Blatt Pa**pier**.

1	2	3
 in der Mi**tte**	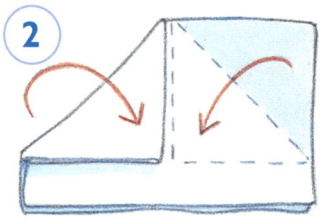 bei**de** E**cken** zur Mi**tte**	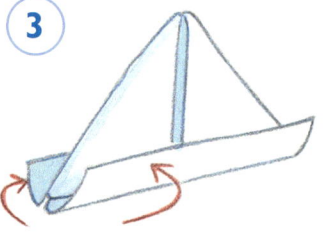 bei**de** un**teren** Kan**ten** nach o**ben**
4	5	6
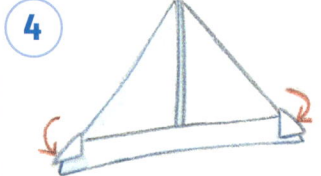 auf je**der** Sei**te** ei**ne** E**cke** nach o**ben**, ei**ne** E**cke** nach un**ten**	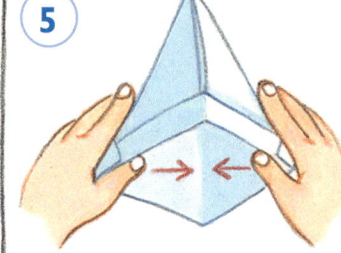 un**ten** auf**klap**pen	 bei**de** E**cken** auf**ei**nan**der**
7	8	9
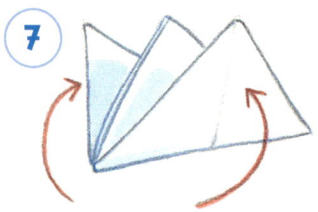 bei**de** E**cken** nach o**ben**	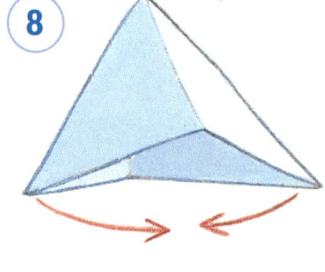 un**ten** auf**klap**pen	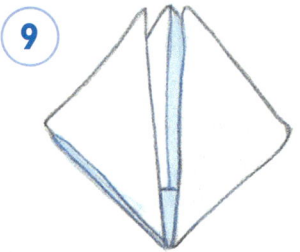 bei**de** E**cken** auf**ei**nan**der**
10		
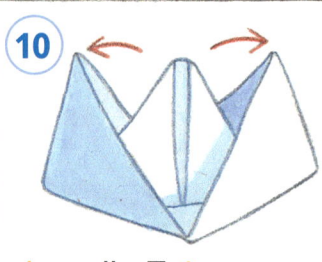 o**ben** die E**cken** aus**ei**nan**der**zie**hen**		

Fer**tig**!

Zungenbrecher

Fischers Fritz fischt frische Fische,
frische Fische fischt Fischers Fritz.

Pfützenflitzer flitzen pfeilschnell,
pfeilschnell flitzen Pfützenflitzer.

Schifflein auf dem Bach

Ein hübsches Schifflein bauten wir,
ein schneeweißes Schifflein aus Papier.

Ist es auch klein, so schwimmt es doch.
Es schwimmt auf dem Bach – fährt immer noch.

Und kommt es nicht weit: Ein kleines Stück
erlebte es das Seefahrerglück.

Josef Guggenmos

Was schwimmt, was sinkt?

Versuch 1

Das braucht ihr:

eine Schüssel mit Wasser,

eine Feder, ein Stück Holz, ein Blatt,

ein Geldstück, einen Nagel, …

So geht es:

Legt die Dinge der Reihe nach auf das Wasser.

Vermutet:

Was schwimmt, was sinkt?

Was beobachtet ihr?

Ich vermute …

Versuch 2

Das braucht ihr:

eine Schüssel mit Wasser (1 Liter),
eine kleine Kartoffel,
einen Esslöffel, Salz

So geht es:

1. Gebt die Kartoffel in das Wasser.
   Vermutet: Was passiert?

   Was beobachtet ihr?

2. Gebt nun 5 Esslöffel Salz in das Wasser.
   Rührt gut um.
   Wartet kurz, bis das Wasser still steht.

   Was beobachtet ihr?

Versuch 3

Ich vermute …

Das braucht ihr:

eine Schüssel mit Wasser, Knete

So geht es:

Macht zwei gleich große Kugeln
aus der Knete.
Formt aus einer Kugel ein Boot.
Setzt nun beides auf das Wasser.

Was passiert?
Warum?

75

Piratenkater Pavarotti

Es waren einmal fünf Piraten.
Zusammen waren sie:
DIE FÜRCHTERLICHEN FÜNF.

Heute hatten sie mal wieder
einen fürchterlichen Tag hinter sich:
keine Fische gefangen, kein Schiff geentert,
keinen Schatz gefunden.

Irgendwann fielen ihnen die Augen zu.
Sie schliefen und schnarchten
und träumten.
Nur einer träumte nicht.
Pavarotti, der Piratenkater.
Der saß im Mastkorb und wachte.

Mit einem Mal entdeckte Pavarotti etwas.
Räudiger Rollmops, das war ja ein Schiff!
Katerleise seilte Pavarotti sich ab
und weckte die Piratenbande.

Die Piraten schwangen sich über Bord
und enterten das fremde Schiff.
Doch es war totenstill und tintendunkel.
Die Piraten durchsuchten jeden Winkel.
Umsonst.

Als Käpten Klonk gerade den Befehl
zum Aufbruch geben wollte,
maunzte Pavarotti aufgeregt.
Pavarotti stand vor einer Kiste.
Die war klobig und schwer
mit schimmernden Schnallen
und einem rostigen Schlüssel.
Stulle drehte am Schlüssel …

Isabel Abedi

Auf der Baustelle

● Kran

● Bagger

● Beton-
mischer

● Hammer

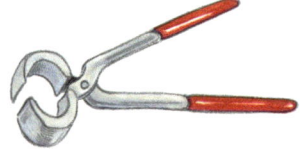
● Zange

● Säge

Der Maurer

Ich bin Lenas Vater.
Ich bin Maurer und baue Häuser.
Auf der Baustelle schützt mich
mein Helm.

der Mörtel

die Kelle

Aus Steinen baue ich die Mauern.
Den Mörtel gebe ich
mit einer Kelle auf die Steine.

Wenn der Mörtel hart wird,
kleben die Steine
fest aneinander.

Ich muss genau arbeiten.
Dafür brauche ich:

das Lot

das Senkblei

die Wasserwaage

Die Malerin

Mit dem Quast verteile ich
den Kleister auf der Tapete.
Dann klebe ich die Tapete
an die Wand.
Die Farbe mixe ich in einem Eimer.
Damit streiche ich die Wände an.
Dafür brauche ich Pinsel
und eine Rolle.

der Quast — die Rolle

Der Zimmermann

Mit Balken und Latten aus Holz
baue ich den Dachstuhl.
An meinem Gürtel hängen
Taschen mit Werkzeug.
So habe ich immer alles dabei.
Oft muss ich mit dem Zollstock
genau Maß nehmen.

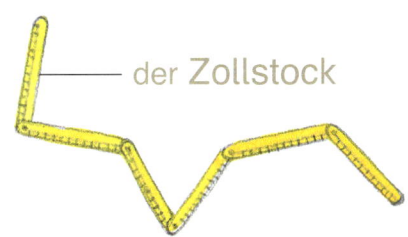

der Zollstock

Wenn der Dachstuhl fertig ist,
feiern wir das Richtfest.

Mauern bauen

Baut diese Mauern gemeinsam.

Vermutet:

Welche Mauer ist stabil?

Welche Mauer ist nicht stabil?

Rollt nun einen Ball gegen jede Mauer.

Beobachtet: Was passiert?

Warum?

Türme bauen

Baut verschiedene Türme
auf einem glatten, festen Boden.
Wer baut den höchsten Turm?

Luftschlösser bauen

Das braucht ihr:

- Zahnstocher
- eine Schale mit Wasser
- getrocknete Erbsen

Steckt Zahnstocher in die Erbsen.
Baut damit Quadrate und Dreiecke.

Steckt sie zu Würfeln oder Dächern
zusammen.

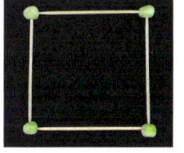 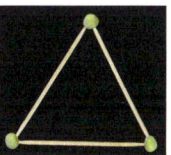

Quadrat   Dreieck

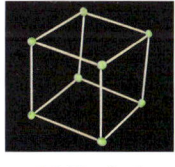 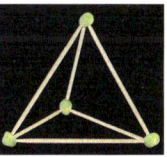

Würfel   Dach

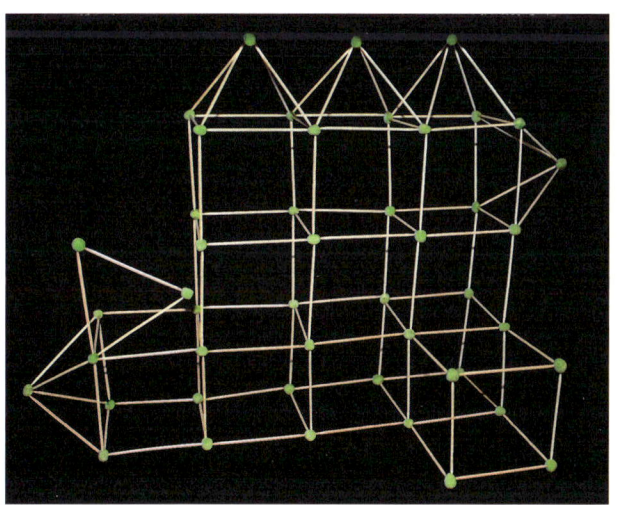

Baut immer weiter an.
So könnt ihr Türme bauen
und sogar ein Schloss –
ein Luftschloss.

Häuser aus Holz

Dieses Baumhaus ist ganz aus Holz gebaut.
Hoch über der Erde hängt es in den Bäumen.
Wenn du darin wohnst,
bist du ein Teil des Waldes.
Du kannst den Himmel über dir sehen.

Häuser aus Müll

In Nigeria gibt es Häuser aus alten Plastikflaschen. Die Flaschen werden mit Erde oder Sand gefüllt. Wenn das Haus verputzt ist, kann man die Flaschen gar nicht mehr sehen. Solche Häuser aus Müll sind billig und stabil.

Häuser aus Eis

In Jukkasjärvi in Schweden gibt es ein besonderes Hotel.
Jedes Jahr im Herbst wird es neu gebaut.
Man kann nur im Winter darin wohnen, denn in dem Hotel ist alles aus Eis: Wände, Tische, Sessel, Betten.
Nur zum Schlafen schlüpfen die Gäste in Rentierfelle.

Emil auf der Baustelle

Heute ist Emils erster Arbeitstag.
Er ist Lehrling auf einer Baustelle
und er lernt dort,
wie man ein Haus baut.

Die Bauarbeiter bauen ein Haus
für Familie Pinguin.
Es soll ihr Traumhaus werden.

Ein Architekt hat es entworfen.
Er schlägt vor,
wie das Haus aussehen soll
und wo die Türen und Fenster
hinkommen.

Die Pinguine haben sich unbedingt
folgende Dinge gewünscht:

ein Schlafzimmer mit Stockbetten, einen Sandkasten,
einen riesengroßen Kühlschrank, eine Eislaufbahn,
ein Schwimmbad auf dem Dach und eine Riesenrutsche.

Dies alles in einem einzigen Haus unterzubringen,
bereitet dem Architekten großes Kopfzerbrechen.

Doch endlich ist das Haus fertig.
Die Pinguine feiern ein Fest
in ihrem nagelneuen Schwimmbad
und laden die Bauarbeiter dazu ein.

Sharon Rentta

Unterwegs

● Flugzeug

● Zug

● Fahrrad

● Bauernhof   ● Zoo   ● See

Sommerzeit – Ferienzeit

Ferien, Ferien, nichts zu tun!
Ferien, um mal auszuruhn!
Lang hab ich mich drauf gefreut –
Ferien gibt es heut!

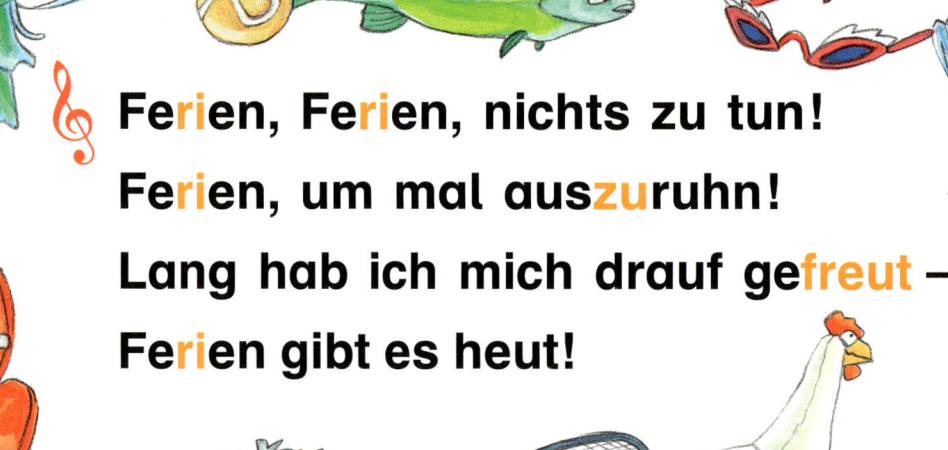

1. Frei bin ich und so vergnügt,
weil es Sommerferien gibt.
Ich mag Sommer, Sonne, Sand,
ein Sonnenbad am Strand.

2. Reisen um die halbe Welt,
einfach tun, was mir gefällt!
Wandern, baden, Spiel und Spaß
und faulenzen im Gras.

Wolfgang Spode

Ferien auf Borkum

Endlich sind Sommerferien!
Pit und Paula fahren morgen
gemeinsam mit ihren Eltern in den Urlaub.
Sie wollen nach Borkum,
das ist eine Insel in der Nordsee.

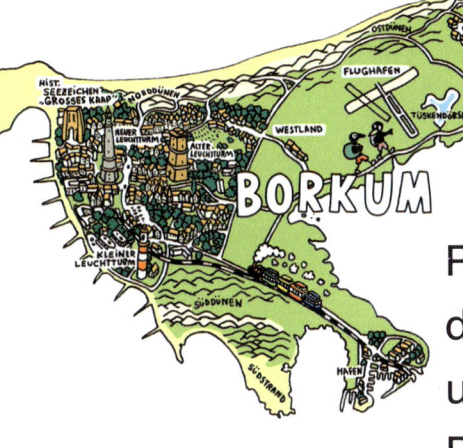

Pit und Paula suchen die Sachen,
die sie mitnehmen wollen,
und packen sie in ihren Koffer.
Die beiden sind schon ganz aufgeregt,
denn auf einer Insel waren sie noch nie.

Eine Insel kann man nur mit dem Schiff erreichen.
Deswegen fahren Pit und Paula zum Hafen von Emden.
Dort liegen die Fähren, mit denen die Urlaubsgäste
auf die Insel gebracht werden.
Im Hafen von Borkum steigen alle Passagiere* um
in eine kleine Inseleisenbahn, die die Gäste in den Ort bringt.
Gleich am nächsten Morgen gehen Pit und Paula an den Strand.
Am Strand wird es nie langweilig!

* sprich: Passaschiere,
das heißt: Fahrgäste

Nelly Möller und Bernd Oeljeschläger

Nah und fern

1 Pilsum ist ein kleiner Ort an der Nordsee. Der Leuchtturm dort ist gelb und rot.

A

B

2 In Ägypten stehen die Pyramiden. Sie sind schon viele tausend Jahre alt.

3 Auf einem großen Stein in Kopenhagen sitzt eine Figur. Es ist die Kleine Meerjungfrau.

C

D

4 In London steht das höchste Riesenrad Europas. Es ist das London Eye*.

*sprich: Londen Ei, das heißt: Auge von London

Post aus weiter Ferne?

Liebe Melek,
mir gefällt es hier an der Nordsee sehr gut. Jeden Tag gehen wir baden. Wir haben auch schon Seehunde gesehen.
Viele Grüße auch von Mama und Papa
deine Sina

Postkarte

An
Melek Ari
Neue Str. 12
(Straße und Hausnummer)

47653 Werl
(Postleitzahl) (Bestimmungsort)

Hallo Tom,

danke für deine Urlaubspost.
In diesem Jahr verreisen wir nicht, weil Papa keine Arbeit hat.
Gestern war ich mit Mama und Mira im Zoo. Das war toll.
Kommst du mich besuchen?
Dann kann ich dir auch Fotos von den Tieren zeigen!
Ich habe ganz viele gemacht!

Bis bald
dein Luca

An
Tom Nolte
Blumenstraße 23
10243 Berlin

Ferien in der Türkei

 Ich freue mich schon sehr auf die Ferien!
Ich besuche meine Oma in der Türkei.
Meine Oma lebt in Antalya.
Antalya ist eine große Stadt am Mittelmeer.
Dort ist es immer schön warm!

Mit Oma spreche ich Türkisch.
Wenn sie mich morgens weckt,
sagt sie: „Günaydın!"
Das heißt: „Guten Morgen!"

Günaydın

Guten Morgen

Bonjour   Kalimera   Dzien dobry   مرحبا

   Buongiorno   Buenos dias

Zu Besuch in Nigeria

Bald beginnen die Ferien.
Dann fliege ich mit meinen Eltern nach Nigeria.
Zum ersten Mal!
Wir wollen dort meinen Onkel besuchen.
Ich bin schon ganz aufgeregt!

In Nigeria gibt es viele Völker
und viele Sprachen.
Mein Onkel spricht Yoruba.
Die Kinder in der Schule
lernen Englisch.
Aber es können
nicht alle Kinder
zur Schule gehen.
Das finde ich doof!

Ku aro

Good morning

Hey, hello, bonjour, guten Tag

Hey, hello, bonjour, guten Tag!
Welcome, welkom, buongiorno, buongiorno!
Buenos dias! Buenos dias!

Jutta Gorschlüter

Hey, hello, … Guten Morgen! Guten Morgen!
Hey, hello, … Good morning! Good morning!
Hey, hello, … Günaydın! Günaydın!
Hey, hello, …

Zuhause kann überall sein

Meine Tante nannte mich Wildfang.
Dann kam der Krieg
und meine Tante nannte mich
nicht mehr Wildfang.

Um in Sicherheit zu sein, kamen wir in dieses Land.
Alles war fremd. Niemand sprach so wie ich.
Ich fühlte mich allein.

Zu Hause kuschelte ich mich
in eine Decke aus meinen
eigenen Worten und Geräuschen.
Ich nannte sie meine alte Decke.
In ihr fühlte ich mich sicher.

Eines Tages lächelte mich im Park
ein Mädchen an.
Sie winkte und lächelte
und mir wurde warm ums Herz.

Das Mädchen kam zu uns
und sagte etwas.
Seine Worte waren fremd.
Es nahm mich mit zur Schaukel.
Ich wollte ihr sagen, wie glücklich ich war.
Doch ich wusste nicht, wie.

Beim nächsten Mal brachte mir
das Mädchen ein paar Worte mit.
Sie ließ sie mich ganz oft wiederholen.

Ich webte mir eine neue Decke.
Heute ist meine neue Decke genauso warm,
weich und gemütlich
wie meine alte!

    Irena Kobald

Feste im Jahr

- Tag

- Monat

- Jahr

- Rakete

- Weihnachtsbaum

- Stiefel

Sankt Martin

Es ist kalt.
Ein armer Mann
hat keinen Mantel.
Martin teilt
seinen Mantel.

Durch die ▭, auf und nieder,

leuchten die 🏮 wieder:

rote, gelbe, grüne, blaue,

lieber 👤, komm und schaue.

Lieselotte Holzmeister

Nikolaus

Am Abend in der Winterzeit
geh ich von Haus zu Haus
und teile allen Kindern dann
die schönsten Sachen aus.

Ich habe einen schweren Sack
voll Plätzchen, süß und fein.
Ich klopfe laut an deine Tür
und komm zu dir herein.

Rolf Krenzer

Advent

Wieder kommen wir zusammen,
singen Lieder im Advent.
Und ein jeder kann es sehen,
dass die erste Kerze brennt.

Kleines Licht, bist du auch winzig,
leuchte in die Welt hinein.
Schenke Frieden, Wärme, Hoffnung.
Niemand soll alleine sein!

Rita Mölders

An der Krippe

 *Maria und Josef klopfen an viele Türen. Keiner öffnet.*

 Josef, ich bin so müde!

 Ich suche uns ein Zimmer.

 Ich kann nicht mehr gehen.

 Ich klopfe ja schon überall.

 Das Kind wird bald geboren!

 *Maria und Josef kommen zu einem Stall.*

 Kommt herein.

 Das ist nur ein Stall.

 Aber hier ist es warm.

 Ich lege mich hin.

 Hier gibt es Stroh.

 Mir ist so kalt.

 Ich wärme dich.

 Ich habe Durst.

 Ich schenke dir Milch.

 Ich auch.

 Ich habe Hunger.

 Hier sind Nüsse.

 *In der Nacht wird das Kind geboren.*

 Jesus ist geboren!

 Ich wärme das Kind.

 Ich singe ein Schlaf-Lied.

 Ich auch!

 Und ich wache über euch –
(knipst das Licht aus).

Ostern

Der Osterhase hat über Nacht
zwölf Eier in unseren Garten gebracht.
Eins legte er unter die Gartenbank,
drei in das grüne Efeugerank,
vier in das gelbe Tulpenbeet,
drei, wo die weiße Narzisse steht.
Eins legte er auf den Apfelbaumast,
da hat sicher die Katze mit angefasst.

Carl Ferdinands

Zuckerfest – Şeker Bayramı

Das Zuckerfest ist jedes Jahr an einem anderen Tag.
Es ist das Ende vom Fastenmonat Ramadan.

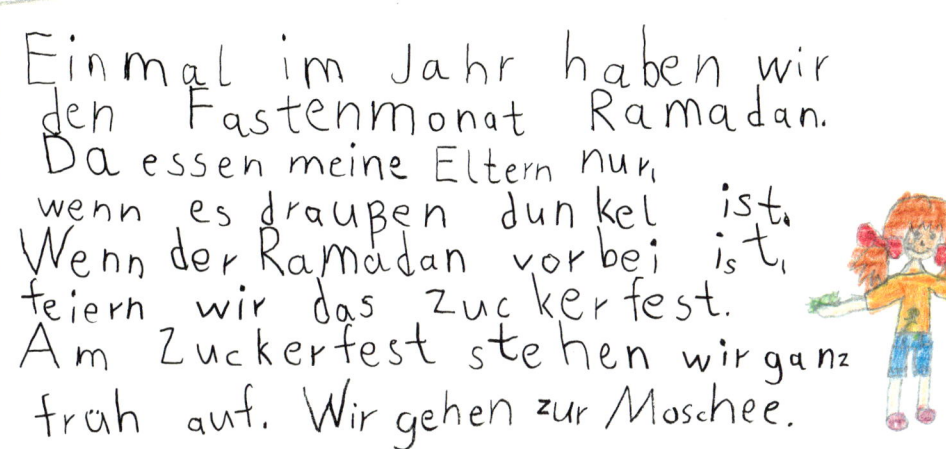

Einmal im Jahr haben wir den Fastenmonat Ramadan. Da essen meine Eltern nur, wenn es draußen dunkel ist. Wenn der Ramadan vorbei ist, feiern wir das Zuckerfest. Am Zuckerfest stehen wir ganz früh auf. Wir gehen zur Moschee.

Fatma

Am Zuckerfest gehen wir zu Verwandten und Freunden. Wir begrüßen uns mit „Bayramın kutlu olsun!". Das bedeutet: „Frohes Fest!" Die Kinder bekommen Süßigkeiten geschenkt.

Muhammed

Inhalt

Ll Aa Nn Ee

In der Schule
Eingangsbild 4
Ich bin ich 6
   Ich bin Tim / Ich bin Lena 7
Regeln 8
   Jonas hilft / Alle Stifte … 9
Alles gesund? 10
   Wann essen wir? / Ich bin Nele 11

Oo Mm Ii Tt Ss

Mein Schulweg
Eingangsbild 12
An der Fahrbahn 14
   An der Ampel / Am Zebrastreifen 15
Alle gehen in die Schule 16
   Was ist das? / Helm, Ampel … 17
Überall Buchstaben 18
   Da im Tor … / Jonas und Tim suchen Buchstaben 19

Ff Gg Bb Rr Ei ei

Im Herbst
Eingangsbild 20
Der Igel 22
   Der Igel mag … / Der Igel hat Stacheln 23
Ein Herbstbild 24
   Einen Igel basteln / Kleine Igel schlafen gern 25
Rate mal! 26
   Groß wie ein Haus / Bin ein stachliger Geselle 27

Dd Hh Uu Pp Ch ch

Zu Hause

Eingangsbild 28
Freunde 30
   Hallo Lena / 🐾 So groß wie ein Baum 🎵 31
Einkaufen 32
   Mama hat eine Liste gemacht / 🐾 Ben bastelt 33
Wohin mit dem Müll? 34
   Kleiner Müll-Ratgeber / 🐾 Warum trennen wir den Müll? 35
Mein Tag / Die Woche 36

Zz Au au Kk ie Ww Sch sch

Hokuspokus

Eingangsbild 38
Zaubersprüche – Holo molo schuschu hu 40
   Simsalabim / 🐾 Fingernägel nicht zu kurz 41
Luftballon-Trick 42
   Seil-Trick / 🐾 Farben-Trick 43
So kocht Lisbet 44
   Die Suppe war fertig ... / 🐾 Morgens früh um sechs 🎵 45
Der gestiefelte Kater (Comic) 46

Öö -h Ää ck Üü

Mein Körper

Eingangsbild 48
Der Körper 50
   Mein Körper-Lapbook / 🐾 Kopf, Schulter, Knie und Fuß 🎵 51
Bei der Zahnärztin 52
   Die Zahnärztin erklärt / 🐾 Unsere Zähne 53
Zahn-Geschichten 54
   Wer bin ich? / 🐾 Wem tut kein Zahn weh? 🎵 55
Bist du krank, Rolli-Tom? 56

ng Vv Jj St st Sp sp

Im Frühling

Eingangsbild 58
Im Frühling 60
  Frühblüher / Die Zwiebel 61
Versuch es doch mal! 62
  Die Tulpe / Vor 400 Jahren … 63
Die Amsel 64
  Noch zwei Wochen … / frag TINTO.de 65
Der Lenz ist da! / Die Tulpe 66

Eu eu nk Pf pf tz

Am Wasser

Eingangsbild 68
Der Hafen 70
  Boote und Schiffe / Ein Containerschiff 71
Ein Schiff basteln 72
  Zungenbrecher / Schifflein auf dem Bach 73
Was schwimmt, was sinkt? Versuch 1 74
  Versuch 2 / Versuch 3 75
Piratenkater Paravotti 76

Äu äu ß Xx Qu qu

Auf der Baustelle

Eingangsbild 78
Der Maurer 80
  Die Malerin / Der Zimmermann 81
Mauern bauen 82
  Türme bauen / Luftschlösser bauen 83
Häuser aus Holz 84
  Häuser aus Müll / Häuser aus Eis 85
Emil auf der Baustelle 86

Yy Cc

Unterwegs

Eingangsbild	88
Sommerzeit – Ferienzeit 🎵	90
Ferien auf Borkum / Ferien auf Borkum	91
Nah und fern	92
Post aus weiter Ferne? Hallo Melek / Hallo Tom	93
Ferien in der Türkei	94
Zu Besuch in Nigeria / Hey, hello, bonjour, guten Tag 🎵	95
Zuhause kann überall sein	96

Feste im Jahr

Eingangsbild	98
Die vier Jahreszeiten 🎵	100
Sankt Martin / Durch die Straßen … 🎵	102
Nikolaus / Advent 🎵	103
An der Krippe	104
Ostern	106
Zuckerfest – Şeker Bayramı	107

🎵 Hierbei handelt es sich um ein Lied.
Viele der Lieder sowie den Tinto-Rap finden Sie
auf der TINTO-Lieder-CD (ISBN 978-3-464-80270-0).

Textquellen

25 K. W. Hoffmann: Kleine Igel schlafen gern. Melodie und Text: aus Schweden (gemeinfrei). Aktive Musik Verlagsgesellschaft mbH, Dortmund.

31 Reinhard Feuersträter: So groß wie ein Baum, so stark wie ein Bär (Auszug). Kontakte Musikverlag, Ute Horn, 59557 Lippstadt.

33 Ralf Butschkow: Ben bastelt (Auszug, Überschrift hinzugefügt). Aus: Ich hab einen Freund, der ist Müllmann. Carlsen Verlag, Hamburg 2010.

55 „Wem tut kein Zahn weh?" aus: Josef Guggenmos, Groß ist die Welt © 2006 Beltz & Gelberg in der Verlagsgruppe Beltz · Weinheim Basel.

56/57 Matthias Sodtke: Nulli & Priesemut. Bist du krank, Rolli-Tom? (gekürzt und verändert). Lappan Verlag, Oldenburg 2011.

66 Alfons Schweigert: Der Lenz ist da. Aus: Wolfgang Freitag, Carola Hoffmann (Hrsg.): Das große bunte Vorlesebuch für Frühling und Ostern. Pattloch Verlag, München 2003. © Alfons Schweiggert.

67 „Die Tulpe" aus: Josef Guggenmos, Oh, Verzeihung, sagte die Ameise © 1990, 2018 Beltz Verlag in der Verlagsgruppe Beltz · Weinheim Basel.

73 „Schifflein auf dem Bach" aus: Josef Guggenmos, Oh, Verzeihung, sagte die Ameise © 1990, 2018 Beltz Verlag in der Verlagsgruppe Beltz · Weinheim Basel.

76/77 Isabel Abedi: Piratenkater Pavarotti und die wilden Männer (Auszug, gekürzt). Arena Verlag, Würzburg 2012.

86/87 Sharon Rentta: Emil auf der Baustelle (gekürzt). Gerstenberg Verlag, Hildesheim 2013.

90 Wolfgang Spode: Ferienlied (Auszug). Fidula-Verlag Holzmeister GmbH, Koblenz.

91 Nelly Möller und Bernd Oeljeschläger: Wunderbare Ferien auf Borkum (verkürzt und geändert). Verlag Isensee & Oeljeschläger, Oldenburg 2015.

95 Jutta Gorschlüter: Hey, hello, bonjour, guten Tag. Aus: Reinhard Horn, Rita Mölders, Dorothee Schröder (Hrsg.): Klassen-Hits. 143 Lieder rund um die Schule. 4 Audio-CDs. In Kooperation mit dem VBE Verlag NRW. Kontakte Musikverlag: Lippstadt 2013. © bei Jutta Gorschlüter.

96/97 Irena Kobald: Zuhause kann überall sein (gekürzt). Knesebeck Verlag, München 2015. Titel der Originalausgabe: My two blankets. Erschienen 2014 by Little Hare Book an Imprint of Hardie Grant Egmont, Australien.

100/101 Frigga Schnelle (Text und Rhythmus): Winter (Schneeflocken fallen). Aus: Musik in der Grundschule. SCHOTT MUSIC GmbH & Co KG, Mainz 1997/04; Rüdiger Urbanek (Text und Rhythmus, nach einer Idee von Frigga Schnelle): Frühling, Sommer, Herbst.

102 Lieselotte Holzmeister: Durch die Straßen, auf und nieder. Fidula-Verlag Holzmeister GmbH, Koblenz.

103 Rolf Krenzer: Am Abend in der Winterzeit (Winterzeit, Kinderzeit, Ski und Schlitten). © Dagmar Krenzer-Domina.

104 Rita Mölders: Wieder kommen wir zusammen. Kleines Licht, bist du auch winzig. Kontakte Musikverlag, Ute Horn, 59557 Lippstadt.

106 Carl Ferdinands: Ostern (Zwölf Ostereier). Aus: Die Jahreszeiten. Alfred Hahns Verlag, Leipzig, vor 1924.

Bildquellen/Fotos

10 Ursula Brinkmann, Kamen (Milch), Fotolia/© Markus Mainka (www.markus-mainka.de) (Paprika), Fotolia/Julian Weber (Brötchen), Shutterstock/aimy27feb (Flasche), Fotolia/oxie99 (Gurke), Fotolia/Oksana Tkachuk (Lolli), Fotolia/Christian Stoll (Müsliriegel), Fotolia/Erich Muecke (Wrap), Fotolia/ oxie99 (Tomate), Fotolia/ale_s (Banane), Fotolia/sp4764 (Apfel), Fotolia/Xavier (Möhre), Imke Pelz, Berlin (Brotdose), mauritius images/Pixtal/WE112033 (Saft), Fotolia/euthymia (Joghurt).

17 Fotolia/made_by_nana (1), Fotolia/Picture-Factory (2), Fotolia/maxximmm (3), Fotolia/Vladimir Kramin (4), Shutterstock/AR Pictures (5), Fotolia/connel_design (6), Imke Pelz, Berlin (7), Fotolia/Gundolf Renze (8), HUDORA GmbH, Remscheid-Lennep (9).

18 Gabriele Müller, Berlin.

23 Shutterstock/Miroslav Hlavko (o.), Shutterstock/Christian Mueller (u.).

25 Imke Pelz, Berlin.

42/43 Cornelsen/Christiane Schleifenbaum, Cottbus.

51 Fotolia/Picture-Factory (Mädchen), Imke Pelz, Berlin (Lapbook).

53 Joachim Landesvatter, Berlin.

55 Fotolia/mgkuijpers (Schlange), Fotolia/VOLODYMYR BURDIAK (Elefant), Shutterstock/Neil Burton (Eichhörnchen), Shutterstock/Linas T (Frosch).

61 Fotolia/krasi (Schneeglöckchen), Fotolia/Irina Volkova (Krokus), Shutterstock/Ioana Rut (Osterglocke), Shutterstock/Evgeny-SHCH (Tulpe), Shutterstock/Simone Andress (Hyazinthe).

62 www.coulorbox.de/Colourbox.com (Tulpe, Tinte), Imke Pelz, Berlin (Pipette).

63 bpk/Staatsbibliothek zu Berlin.

64 Shutterstock/Mark Bridger (o.), Blickwinkel/Hecker/Sauer (Mi.), dpa/Ingo Wagner (u.).

65 Blickwinkel/Hecker/Sauer (o.), dpa/Wolfgang Kumm (Mi.).

71 Shutterstock/nullplus (1), Shutterstock/Pavel Nesvadba (2), Fotolia/maximchuk (3), Fotolia/EvrenKalinbacak (4).

83 Gabriele Müller, Berlin.

84 Kulturinsel Einsiedel Künstlerische Holzgestaltung Bergmann GmbH, Neißeaue OT Zentendorf.

85 AMINU ABUBAKAR/AFP (Flaschenhaus), action press/ icehotel.com/Exclusivepix mediaaction press (Eis-Hotel).

92 Fotolia/ Sergio Monti (A), Fotolia/fotobeam.de (B), Shutterstock/ Jan Schneckenhaus (C), Fotolia/Dan Breckwoldt (D).

93 Shutterstock/Christian Colista (Seehund), Zoologischer Garten Berlin AG, Berlin/www.foto-sicht.de (Tor), Zoologischer Garten Berlin AG, Berlin (Pinguine, Panda).

94 Fotolia/muratart.

95 Andrea Kuenzig/Das Fotoarchiv/Laif.

104/105 Imke Pelz, Berlin.

107 Shutterstock/Zurijeta.

Cover und Originalillustrationen

33 Butschkow, Ralf: Ich hab einen Freund, der ist Müllmann. Bonnier Media Deutschland GmbH, München.

36 Maxeiner, Alexandra/ Kuhl, Anke: Alles Familie! © 2010, Klett Kinderbuch Verlag GmbH;
Olten, Manuela: Wahre Freunde. Verlagsgruppe Beltz Julius Beltz GmbH & Co. KG, Weinheim;
Schneider, Liane/ Wenzel-Bürger, Eva: Conny und das neue Baby. CARLSEN Verlag GmbH, Hamburg.

40 Küntzel, Karolin: Abrakadabra, dreimal schwarzer Kater. Compact Verlag;
tinkerbrain/ Leitzgen, Anke M./ Grotrian, Gesine: Zaubern. Verlagsgruppe Beltz Julius Beltz GmbH & Co. KG, Weinheim;
Niessen, Susan, Drescher, Antje: Vom Hut, der nicht zaubern wollte. Thienemann-Esslinger Verlag GmbH, Stuttgart.

44 Baeten, Lieve: Die neugierige kleine Hexe. Verlag Friedrich Oetinger GmbH, Hamburg.

56/57 Sodtke, Matthias: Bist du krank, Rolli-Tom? LAPPAN Verlag in der CARLSEN Verlag GmbH, Oldenburg.

71 Gernhäuser, Susanne/ Nieländer, Peter: Alles über Schiffe. Ravensburger Buchverlag Otto Maier GmbH, Ravensburg.

76/77 Abedi, Isabel: Piratenkater Pavarotti und die wilden Männer. Arena Verlag GmbH, Würzburg.

86/87 Rentta, Sharon: Emil auf der Baustelle. Gerstenberg Verlag GmbH & Co. KG, Hildesheim.

91 Möller, Nelly/ Oeljeschläger, Bernd/ Runkel, Till: Wunderbare Ferien auf Borkum. Florian Isensee GmbH, Oldenburg.

96/97 Kobald, Irena/ Blackwood, Freya: Zuhause kann überall sein. Knesebeck GmbH & Co. Verlag KG, München.

Kindertexte und -illustrationen

36/37 Justine Broser, Recklinghausen.

44, 54 o., 93 o., 107 o. Lotte Christiansen, Berlin.

45, 93 u. Jovan Bartels, Berlin.

54, 107 u. Eike Christiansen, Berlin.

Erstlesebuch

von Dr. Rüdiger Urbanek,
Linda Anders, Vanessa Bollenberg, Ursula Brinkmann,
Nele Granseyer, Gabriele Müller

unter der Einbeziehung der Ausgabe von Linda Anders, Ursula Brinkmann,
Doris Frickemeier, Irmgard Mai, Gabriele Müller, Rüdiger Urbanek

begutachtet von Ute Brinkopp-Rode, Stefanie Geiger, Claudia Hormann,
Elisabeth Jacherz-Wind, Vera Mengelenkamp, Susanne Mertens,
Sabine Rest, Ilka Seidel, Heide Paluch

Redaktion: Imke Pelz
Bildredaktion: Franziska Becker
Illustration: Eva Czerwenka
Umschlaggestaltung: tritopp, Berlin
Layoutkonzept: ROSENDAHL BERLIN – Agentur für Markendesign
Layout und technische Umsetzung: Saskia Klemm, Berlin

www.cornelsen.de

1. Auflage, 4. Druck 2021

Alle Drucke dieser Auflage sind inhaltlich unverändert
und können im Unterricht nebeneinander verwendet werden.

© 2018 Cornelsen Verlag GmbH, Berlin

Das Werk und seine Teile sind urheberrechtlich geschützt.
Jede Nutzung in anderen als den gesetzlich zugelassenen Fällen bedarf der
vorherigen schriftlichen Einwilligung des Verlages.
Hinweis zu §§ 60a, 60b UrhG: Weder das Werk noch seine Teile dürfen ohne eine
solche Einwilligung an Schulen oder in Unterrichts- und Lehrmedien (§ 60b Abs. 3 UrhG)
vervielfältigt, insbesondere kopiert oder eingescannt, verbreitet oder in ein Netzwerk
eingestellt oder sonst öffentlich zugänglich gemacht oder wiedergegeben werden.
Dies gilt auch für Intranets von Schulen.

Druck: Mohn Media Mohndruck, Gütersloh

ISBN 978-3-06-084171-4 (Schülerbuch)
ISBN 978-3-06-084172-1 (E-Book)

PEFC zertifiziert
Dieses Produkt stammt aus nachhaltig
bewirtschafteten Wäldern und kontrollierten
Quellen.

www.pefc.de

PEFC/04-31-1033

Text und Rhythmus: R. Urbanek

-RAP

L wie Lampe, M wie Maus,

H wie Hose, komm in unser Haus.

S wie Sonne, J wie Jo-Jo,
W wie Wolke, alle mögen Tinto.

B wie Banane, G wie Gabel,
D wie Domino, sprich mit schnellem Schnabel.

Au wie Auto, Ei wie Eis,
Eu wie Euro, was schon jeder weiß.

I, E, A und O und U
sind im Dach, die kennst auch du.

Ä wie Ähre, was ist schon dabei?
Ö wie Öl, Ü – Überraschungsei.

T wie Tafel, K wie Kerze,
P wie Pinsel, das sind keine Scherze.

F wie Fisch, Ch wie Chinesisch,
Z wie Zaun, nun schau, wie ich das lese.

Sch wie Schere, fast ist Schluss,
N wie Nase, die man putzen muss.

R wie Raupe, jetzt ist Ende.
Wir sind durch und klatschen in die Hände.

Halt und hört, was ich euch bring:
ng am Ende vom Wort Ring!